HISTOIRE

DE LA

STATUE MIRACULEUSE

DU SAINT ENFANT JÉSUS

DU CARMEL DE BEAUNE

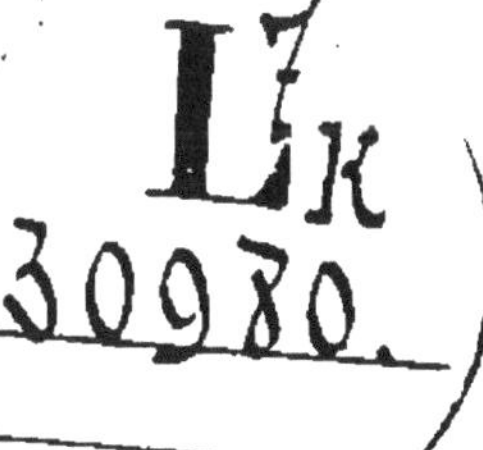

DIJON
IMPRIMERIE JOBARD
Place Darcy, 9.

HISTOIRE

DE LA

STATUE MIRACULEUSE

DU SAINT ENFANT JÉSUS

DU CARMEL DE BEAUNE

DIJON

IMPRIMERIE JOBARD

Place Darcy, 9.

Imprimatur.

† HENRICUS, *episc. Divion.*

Divione, die XVIIª septemb. 1897.

AU PETIT ROI DE GLOIRE :

Petit Enfant Jésus de Bethléem, je vous adore et je vous aime.

« Jésus ayant appelé un petit enfant, le mit au » milieu de ses disciples : Je vous dis en vérité » que si vous ne devenez comme des petits enfants, » vous n'entrerez pas dans le royaume des cieux », (car il n'est que pour ceux qui leur ressemblent par leur humilité et par leur innocence). (Ev. S. Math. XVIII.)

« Or il y avait un homme nommé Nicodème, » sénateur des Juifs, qui vint la nuit trouver Jésus » et lui dit : Maître, nous savons que vous êtes » un docteur venu de la part de Dieu. Dites-nous » donc ce qu'il faut faire pour être sauvé. Jésus » lui répondit : En vérité, en vérité, je vous le » dis, personne ne peut avoir part au royaume de » Dieu, s'il ne naît de nouveau (dans le renou- » vellement de l'âme par la grâce du Saint- » Esprit).... Quoi ! vous êtes maître en Israël, et » vous ignorez cela ? » (Ev. S. Jean, III.)

AVANT-PROPOS

Il n'y a, croyons-nous, que trois statues miraculeuses du Saint Enfant Jésus : celle du *Santo Bambino,* à Rome, celle du *Petit-Grand,* à Prague (Hongrie), et celle du *Petit Roi de Gloire,* à Beaune (Côte-d'Or). S'il en existe d'autres ailleurs, du moins n'en est-il aucune à notre connaissance, qui soit actuellement l'objet d'une vénération plus grande, ni d'une dévotion plus populaire et plus répandue.

Les deux premières statues miraculeuses ont leur histoire écrite et publiée. Celle du Petit Roi de Gloire n'a jamais encore été faite; et néanmoins il est connu et vénéré dans le monde entier. De partout il arrive au Carmel de Beaune de pressantes recommandations à faire devant sa sainte image, des neuvaines de supplications à lui adresser, des actions de grâces à publier en son sanctuaire, des *ex-voto* de tout prix, afin de perpétuer le souvenir reconnaissant de ses faveurs. Cependant, s'il est bon, dit l'Esprit-Saint, de tenir cachés les secrets du Roi, il y a honneur à découvrir et faire connaître les œuvres de Dieu. (Tobie, XII, 7.)

Les Carmélites de Beaune s'en sont émues. Pour glorifier le Saint Enfant Jésus et dans le but de promouvoir de plus en plus la piété d'un plus grand nombre envers lui, et la dévotion pour sa miraculeuse image qu'elles ont l'honneur de posséder, elles ont résolu cette année même (1897) de rompre enfin un silence trop discrètement observé.

Déjà depuis le commencement de cette année 1897, leur Saint Enfant Jésus a sa *Revue officielle* paraissant le vingt-cinquième jour de chaque mois. Prochainement sa statue, fidèlement reproduite en grandeurs diverses et richement décorée, se trouvera dans le commerce à l'intention de ceux qui voudront l'acheter. Avec l'autorisation de Monseigneur l'Evêque de Dijon, le Petit Roi de Gloire, qui jusqu'alors n'était qu'une fois par mois exposé à la vénération des fidèles, le sera désormais en tout temps dans la chapelle publique du monastère. Chaque jour la sainte Messe pourra être dite à son autel. Les paroisses, confréries, associations pieuses, pensionnats, etc..., qui désireraient y venir en pèlerinage, pourront jouir, à quelque époque de l'année qu'ils choisiront, des mêmes faveurs que pendant la quarantaine de Noël.

Une édition populaire de la vie de la Vénérable Marguerite du Saint-Sacrement, à qui fut donnée la statue du Saint Enfant Jésus, est en vente au Carmel et chez plusieurs libraires de la contrée. Une *grande vie* de la même Vénérable est en préparation pour paraître dans quelque temps. Aujourd'hui, nous offrons au public l'histoire de ce cher Petit Roi de Gloire, composée d'après les traditions du Carmel, et les documents inédits puisés dans les archives de ce monastère.

En la fête de l'exaltation de la Sainte-Croix,
14 septembre 1897.

HISTOIRE

DE LA

STATUE MIRACULEUSE

DU SAINT ENFANT JÉSUS

DU CARMEL DE BEAUNE

I.

La Vénérable Marguerite du Saint-Sacrement.

Nous pensons être agréable aux lecteurs de l'histoire de notre Petit Jésus, en leur faisant connaître tout d'abord ce que fut la Sœur Marguerite, tellement grande est la part qu'elle eut dans les événements dont nous commençons le récit.

Marguerite du Saint-Sacrement naquit à Beaune le 7 février 1619, au sein de l'honorable et très chrétienne famille Parigot. Dès ses premières années, on remarqua chez elle une raison prématurément développée et un rare attrait pour la prière et la pratique des vertus de pureté et d'obéissance. Evidemment Dieu avait marqué du sceau de ses épouses cette âme prédestinée. Après la mort de sa mère, qu'elle perdit à l'âge de onze ans, et sur les instantes recommandations de son oncle maternel, l'abbé Bataille, fondateur du Carmel (1619), Marguerite fut reçue au monastère le 24 septembre 1630, jour qui fut aussi celui de sa première communion. Elle y devint dès son entrée l'émule des anges par sa candeur, son innocence et son admirable simplicité. Les regards de Jésus Enfant en furent charmés, et s'abaissant vers sa petite épouse, bientôt admise à faire profession religieuse en ce même Carmel (1), il la combla des dons célestes et l'honora de ses plus intimes communications. « *Je veux*, lui dit-il, *faire voir en toi, ma petite épouse, les merveilles de mon Enfance* » ; et de fait Sœur Marguerite *du Saint-Sacrement* devint l'instrument de ses merveilles et l'image vivante des vertus de sa divine Enfance.

Choisie et préparée d'avance pour cette mission sublime, Marguerite fut entre les mains du Saint Enfant Jésus un instrument toujours docile. Désireuse de communiquer non seulement à ses sœurs du cloître, mais encore aux âmes pieuses vivant dans le

(1) La Vénérable Marguerite a pris le saint habit le 6 juin 1631. N'ayant pas l'âge fixé par l'Eglise pour faire ses vœux solennels, ses supérieurs craignant qu'elle ne mourût avant de l'avoir atteint, lui firent faire des vœux simples le 21 novembre 1632. Sœur Marguerite du Saint-Sacrement prononça ses vœux solennels le 24 juin 1636.

monde, le feu qui consumait son cœur pour l'adorable mystère de l'Incarnation, elle fit construire, avec l'autorisation de ses supérieurs (1636), une petite chapelle dédiée au Saint Enfant Jésus, à côté du chevet de l'église claustrale, et où les fidèles purent avoir accès sans inconvénient pour la clôture. Nous verrons dans la suite que grand fut alors le nombre des personnes du dehors qui vinrent y prier. Des grâces extraordinaires, merveilleuses, des miracles même y furent obtenus.

Cédant encore à une impulsion divine, cette humble Carmélite établit en cette même année 1636, une association pieuse dont les membres furent appelés par elle les *Domestiques du Saint Enfant Jésus*, c'est-à-dire les membres de sa famille et les habitants de sa maison, selon la parole de l'apôtre saint Paul : « Vous n'êtes ni des voyageurs reçus dans » une hôtellerie, ni des étrangers de passage, » mais vous êtes les concitoyens des saints » et les gens de la maison de Dieu. » (Ep. aux Ephésiens, II.) Cette association ne se composait d'abord que des religieuses du Carmel ; mais dès que dans le monde on en eut connaissance, elle prit en peu de temps une très grande extension. L'évêque d'Autun lui donna l'institution canonique, et l'érigea en confrérie ouverte à tous. Le pape Alexandre VII l'ayant approuvée, l'enrichit de nombreuses indulgences, tant plénières que partielles. Pie IX, en 1855, l'éleva au degré d'*archiconfrérie*.

Vers la même époque, la Sœur Marguerite avait aussi, sous l'inspiration du divin Jésus, composé un petit chapelet à quinze grains pour les associés de la confrérie, et formulé la méthode de le réciter.

Sur les trois premiers grains on dit trois *Pater noster* en l'honneur de *Jésus*, de *Marie* et de *Joseph* ; sur les douze autres on récite douze *Ave Maria* en souvenir des douze mystères de la Sainte Enfance et des douze premières années du Sauveur. Chaque *Pater* et *Ave* est précédé de ces paroles de l'Evangile d'après saint Jean : *Et Verbum caro factum est et habitavit in nobis* (ch. I). L'observance de cette manière de dire la petite couronne est de rigueur. On ne gagne les indulgences accordées par les Souverains Pontifes qu'à cette condition (Bref de Léon XIII, 18 novembre 1896) ; et encore faut-il, pour les gagner, faire partie de la confrérie.

La Sœur Marguerite du Saint-Sacrement avait prédit qu'elle mourrait avant d'avoir atteint l'age de trente ans. En effet, elle est décédée en odeur de sainteté le 26 mai 1648, en son Carmel de Beaune. Elle y fut enterrée. Son corps, pieusement relevé de terre en

1820, est aujourd'hui sous la garde des religieuses, dans l'intérieur de leur nouveau monastère, mais la bière ou cercueil dans lequel tout d'abord il fut placé à son décès, se trouve en une pièce de la maison à part, accessible à tous. Presque journellement on y vient le visiter et y déposer des objets appartenant aux malades recommandés à Sœur Marguerite. Nous affirmons que généralement on s'en trouve bien.

Le procès de Béatification de Marguerite du Saint-Sacrement, commencé peu de temps après sa mort, mais interrompu par suite d'événements étrangers à sa réputation de sainteté, a été repris en 1865. On en recommande l'issue favorable aux prières de tous, et spécialement des associés de l'archiconfrérie de la Sainte-Enfance de Jésus. L'introduction de ce procès en cour de Rome nous autorise à donner le nom de *Vénérable* à Sœur Marguerite. Nous l'appellerons ainsi souvent au cours de ce récit.

II.

M. de Renty (1611-1649).

M. le baron de Renty est le donateur à la Vénérable Marguerite de la *statue miraculeuse* dont nous faisons l'histoire. La reconnaissance nous met dans la douce obligation de consacrer quelques lignes à la mémoire de ce vaillant chrétien.

M. de Renty fut un des plus saints personnages du dix-septième siècle qui en compta un si grand nombre. Sa vie a été publiée par M. de Bretonvilliers, collaborateur et successeur de M. Olier qui fonda l'illustre Compagnie de Saint-Sulpice, admirateur et ami, lui aussi, de la Sœur Marguerite du Saint-Sacrement. En 1647, M. Olier entreprit le pèlerinage d'Annecy, au tombeau de saint François de Sales. Il s'arrêta à Beaune, sur les pressantes instances de son ami, M. de Renty, afin d'y voir la Sœur Marguerite. De ce moment ces deux saintes âmes restèrent intimement unies dans une commune estime et par leur même culte d'amour au Saint Enfant Jésus. Les rapports de M. Olier avec notre Vénérable furent même l'occasion qui fit naître ou qui augmenta dans la communauté de Saint-Sulpice la dévotion à l'Enfance de notre divin Sauveur. M. Olier voulut que douze ecclésiastiques des plus fervents et des plus zélés en récitassent l'office; et comme en même temps il était aussi curé de Saint-Sulpice, il s'efforça d'établir en sa paroisse le culte du Petit Jésus. Il fit solenniser le

25e jour de chaque mois de l'année en l'honneur de sa naissance et chanter aux vêpres les litanies de la Sainte-Enfance composées par Fénelon, le futur et célèbre archevêque de Cambrai.

D'après l'auteur de sa vie, son contemporain et ami, M. de Renty se livrait à tous les genres de bonnes œuvres : les séminaires, les associations pieuses, tous les projets utiles à la religion et à l'humanité, obtenaient son appui et son concours. Protecteur actif et généreux de toutes les souffrances, ce fut surtout à Paris qu'il déploya l'héroïsme de sa charité envers les malades, les indigents, les ouvriers, les étrangers pauvres dont il se fit le nourricier, l'ami et le frère. Il mourut à l'âge de trente-huit ans, en 1649, une année après notre Vénérable.

M. de Renty, qui jouissait d'un grand crédit à la cour de Louis XIII et de Louis XIV, avait souvent entendu parler à Paris et en province de la Sœur Marguerite, de ses rares vertus, de sa réputation de sainteté, de ses œuvres admirables, et notamment de l'association des *Domestiques du Saint Enfant Jésus*. Il fit à deux reprises le voyage de Beaune pour la voir et recourir à ses conseils. Les entretiens qu'eurent entre elles ces deux belles âmes si bien faites pour se comprendre, les lièrent pour la vie par une égale réciprocité de prières.

Ce fut au retour de son deuxième voyage à Beaune, en 1643, que M. de Renty expédia de Paris notre miraculeuse statue à l'adresse de la Vénérable Marguerite. La certitude de sa provenance est incontestable. Une lettre de M. de Renty à la Prieure du Carmel, conservée dans les archives de cette maison, est une garantie de son authenticité. Naturellement la Mère Prieure avait donné avis de réception de ce précieux envoi, l'accompagnant d'une lettre de remerciement pour M. de Renty et lui signalant sa grande joie et les transports d'allégresse de toutes ses sœurs. A son tour le donateur répond en exprimant sa propre satisfaction d'apprendre que son Petit Jésus était arrivé sans avarie à destination.

«...... J'ai esté bien étonné », écrit-il à la Révérende Mère Elisabeth de la Trinité (née de Quatre-Barbes, morte, elle aussi, carmélite à Beaune, en odeur de sainteté, le 1er janvier 1660), « quand j'ay sceu que le » petit Jésus a esté porté par la poste. » M. Romigny l'avait pris pour l'envoier » par le coche. Hélas ! mon Dieu ! quel port » par la poste, et comme este (se fait-il) » que tout ne soit (n'ait été) brisé à estre

» secoué près de cent lieues durant en cou-
» rant. Le St Enfant Jésus soit bénit de ce
» qu'il a permis que sa petitte image ait esté
» traittée de la sorte. C'est qu'il ne sort
» que tout démembré de mes mains.

» Pour vous revoir cette année, je l'es-
» père cet esté, s'il plaist à N.-S., etc., etc.....
» Adieu.

» A Paris, ce 4 décembre 1643. »

III.

La Statue miraculeuse du Petit Roi de Gloire.

M. de Renty ne dit rien aux Carmélites ni de la provenance de la petite statue qu'il leur envoyait, ni du sculpteur qui l'avait faite, ni du lieu où elle avait été prise avant d'être expédiée à Beaune. Ces détails pourraient sûrement intéresser le lecteur, mais ne sauraient rien ajouter à la valeur réelle de cet admirable chef-d'œuvre. Ne mesurant que cinquante-huit centimètres de hauteur, la statue est de bois, bien conservée jusqu'à présent, entière, avec articulation des bras et parfaitement peinte à l'huile. Cependant la couleur en est légèrement altérée au visage et un peu plus aux mains; sans doute par l'attouchement des lèvres de ceux qui depuis plus de 250 ans ont eu le privilège de l'embrasser.

Il est vraiment beau, notre Petit Roi de Gloire, sous son riche vêtement d'argent, d'or ou de pourpre, avec tous ses joyaux précieux donnés en *ex-voto* par ses obligés reconnaissants, portant couronne royale, un sceptre d'or en la main gauche, et, comme pour l'offrir à baiser, laissant retomber sa main droite, avec son gracieux sourire, et la douce et très avenante physionomie d'un enfant qu'on dirait âgé seulement de dix ou douze mois!

Ce n'est là pourtant que l'image vénérée du divin Jésus. Qui pourrait dire ce qu'il y a pour nous d'incompréhensibles richesses de miséricorde dans le cœur de celui que cette image représente! Le prophète David, en son psaume 44e, après avoir dépeint les magnificences de la fille du Roi, et l'incomparable beauté de ses vêtements, nous assure que toute la gloire de cette royale princesse est dans l'intérieur de son âme. Nous aussi, ô divin Jésus, nous admirons la splendeur des vêtements qui recouvrent votre image vénérée au Carmel; dans les riches et précieux joyaux qui en rehaussent l'éclat et la beauté tout extérieure, nous aimons à voir l'expression de la reconnaissance de ceux à qui vous avez accordé d'inoubliables faveurs; mais lorsqu'à deux genoux, prosternés devant cette sainte image, nous vous présentons nos prières et nos vénérations, nous reconnaissons qu'il faut les porter jusqu'au pied de votre céleste trône, jusqu'à votre Sacré-Cœur, principe et source de toute beauté, de toutes grâces et de tous bienfaits. Merci, ô Jésus, pour tous ceux dont nous vous sommes redevables, et, parce que vous avez destiné la statue qui vous représente au Carmel pour être l'instrument visible de vos miséricordes, nous continuerons à les implorer devant la *miraculeuse image du Petit Roi de Gloire* dont vous avez confié la garde aux Carmélites de Beaune.

Si l'allégresse fut générale au Carmel lorsqu'y fut arrivé *porté par la poste*, le précieux envoi de M. de Renty, il est bien difficile d'exprimer ce que fut le bonheur de Sœur Marguerite, de la *Petite Sainte*, comme on disait alors, et comme on n'a pas cessé de l'appeler à Beaune. Sous un extérieur religieusement contenu, son cœur exultait. Suivant sa coutume, elle invita aussitôt la communauté à se rendre au sanctuaire de Jésus pour le remercier. Son Jésus, son divin Epoux, le petit roi de son cœur lui avait apparu si souvent et toujours sous *la figure d'un petit enfant!* En enfant, il avait avec elle si familièrement conversé pendant ses ravissements et ses extases! Bien plus, il lui avait dit qu'il voulait faire de sa petite épouse l'*image vivante* des merveilles de sa divine enfance. Physiquement, rien n'était plus rigoureusement vrai. Marguerite était restée petite, et lorsqu'elle mourut âgée de vingt-neuf ans, elle avait encore la taille et les traits enfantins du visage pareils à ceux d'une petite fille de onze à douze ans (1). En retour, toute la beauté de cette chère petite résidait dans son âme et en son cœur. L'innocence, la pureté, l'obéissance, l'humilité, la simplicité, en un mot toutes les vertus de la nature régénérée par la grâce, s'y étaient merveilleusement développées. Selon la promesse de son Jésus qui avait mis en elle toutes ses complaisances, elle était montrée au monde comme le modèle accompli de la *petitesse* nécessaire pour entrer dans le royaume des cieux. (S. Math. XVIII, 3.)

Marguerite du Saint-Sacrement ne sera

(1) Son cercueil, conservé au Carmel, ne mesure que 1 m. 28 de long. Il a 0 m. 29 de large à la tête et 0 m. 18 aux pieds.

donc plus obligée, sans pouvoir l'atteindre, de regarder de loin le cher Enfant Jésus reposant sur les bras de Marie sa mère. Désormais mise à la portée de sa petite taille, elle pourra aussi souvent qu'elle le voudra, prendre entre ses mains sa petite statue, l'approcher de son cœur, la baiser au front, lui parler bouche à bouche (ép. de S. Jean), l'écouter parler. Confier en toute simplicité à son petit Jésus les secrets de son âme, le prier, le supplier pour les autres, au besoin l'importuner par la fréquence, quelquefois même par l'enfantine indiscrétion de ses demandes, sera pour elle le suprême bonheur.

Aussi bien est-ce dans cette confiante et toujours très respectueuse attitude qu'est représentée la Vénérable Carmélite dans tous les portraits que nous connaissons d'elle, et ils sont nombreux. Il y en a au Carmel, à l'hospice de la Charité, à l'Hôtel-Dieu, dans des maisons particulières de Beaune; on en trouverait certainement ailleurs : portraits à l'huile, gravures, images de toutes dimensions, tous ont la même composition : l'Enfant Jésus porté sur les bras de Marguerite.

Il est à croire que jusqu'en 1643 la Vénérable rendait ses pieux hommages de dévotion à l'Enfant Jésus reposant sur les bras de la sainte Vierge. C'était l'usage à cette époque que son image ne fût pas séparée de celle de son auguste Mère. Dans la chapelle dédiée au Saint Enfant Jésus en 1636, la Vénérable avait-elle placé sur son autel sa statue seule et sans celle de Marie, les chroniques n'en disent rien, et les traditions du Carmel sont obscures et peu concluantes. On voit même encore aujourd'hui à l'entrée du chœur des Carmélites, une statue de la Vierge-Mère à laquelle la tradition, sans préciser l'année, attribue un fait qui se rattache à ce point de notre récit.

Nous avons dit qu'avec son extrême familiarité en ses rapports avec Notre-Seigneur, la Vénérable se permettait parfois des exigences presque importunes dans l'exposition de ses requêtes. Comme elle recevait de toutes parts des recommandations à lui faire et des grâces importantes à demander, elle recourait à toutes sortes d'industries pour les lui faire agréer et pour les obtenir : prières prolongées, supplications, au besoin dures pénitences, mortifications extraordinaires; puis c'étaient devant son image préférée, des cierges, des fleurs, des parfums, tout ce qu'elle imaginait de plus propre pour le fléchir et le vaincre : et la statue l'écoute, lui parle, lui répond ; elle s'anime, elle s'attendrit, elle pleure, elle sourit; elle refuse quelquefois, elle finit toujours par céder et accorder.

Un jour pourtant Jésus résiste et retourne la tête du côté de sa Mère. Marguerite ne se décourage pas. Sans se déconcerter, elle prie encore, supplie; elle insiste, et à force de soins, de caresses, de fleurs et de cierges, elle l'oblige à la regarder, à l'écouter, à combler ses vœux. Seuls les Saints ont de ces hardiesses avec Dieu. Nous n'oserions pas en essayer, notre foi est si faible qu'à peine y croyons-nous! Et cependant Jésus-Christ a dit que celui-là qui aurait de la foi gros comme un grain de sénevé, pourrait transporter une montagne. (Ev. S. Math. XVII, 19.)

Si ce trait de l'amabilité de Jésus envers la Vénérable doit être attribué à l'image du Fils porté sur le sein de la Mère, il en est quantité d'autres empruntés à la vie de la Sœur, qu'il faut rapporter uniquement à la miraculeuse statue du Petit Roi de Gloire. — « Que ce bois se soit animé, s'écrie » M. l'abbé Besson (mort évêque de » Nîmes) dans son panégyrique de la Vé- » nérable, prononcé en 1873, en la chapelle » du Carmel de Beaune, que ce bois ait » entendu, qu'il ait parlé, je ne m'en étonne

» pas : les esprits que Marguerite a convertis » ne sont-ils pas plus durs que le bois ? et » cependant elle a retourné les hérétiques » du côté de l'Eglise, elle a converti par un » miracle plus grand encore un grand » nombre de prêtres et de religieuses, elle a » entrevu et prédit l'avenir, elle a marqué » aux uns l'heure de leur conversion, aux » autres l'heure de leur mort, elle a fait » servir et cet esprit prophétique et ce pou- » voir miraculeux à l'exaltation de la sainte » Eglise, à l'agrandissement de la foi, à la » perfection des âmes saintes, au salut des » pécheurs. »

On se ferait une fausse opinion de la Vénérable Marguerite, on la jugerait bien mal, à ne la considérer que dans ses petites manières enfantines, dans ces exubérantes manifestations de tendresse aux pieds de la miraculeuse image. Mais d'ailleurs le Saint Enfant Jésus ne semblait-il pas les encourager, s'y complaire, les approuver, puisqu'il finissait toujours par accorder les faveurs, humainement les plus impossibles, aux prières de sa petite épouse ? Dieu en agit souvent de la sorte avec les hommes, l'apôtre S. Paul nous l'affirme : « Il choisit, dit-il, ce qu'il y » a de plus faible au monde pour confondre » ce qu'il y a de plus fort. » (Ire ép. aux Cor. 1,

27.) Il emploie des moyens hors de proportion avec le but qu'il se propose d'atteindre. Quoi de plus faible que cette chère petite Carmélite ignorée, cachée au fond du cloître de Beaune ! et pourtant Dieu l'a choisie entre toutes pour remplir une mission très importante. Il fera d'elle le *Précurseur* de la Bienheureuse Marguerite de Paray-le-Monial, et dans le monde chrétien son *préparateur* pour le *disposer à recevoir* les divines révélations du *Sacré-Cœur*. L'une et l'autre sont du même diocèse d'Autun, Beaune ne faisant point alors comme aujourd'hui, partie du diocèse de Dijon. Toutes deux sont de notre province de Bourgogne et presque contemporaines. La Bienheureuse Visitandine de Paray venait de naître (1647) lorsque mourait l'année suivante (1648), la Vénérable Carmélite de Beaune. A cette époque de foi grande encore, allait succéder le dix-huitième siècle avec son hérésie janséniste, dont le résultat final fut la crainte exagérée de Dieu, l'éloignement de Jésus-Eucharistie et des sacrements, le refroidissement des cœurs, la corruption des mœurs, l'impiété et la plus lamentable des révolutions sociales.

Notre Sauveur *préparait* déjà le remède préservatif et suprême par ses révélations à la Vénérable Marguerite du Saint-Sacrement et par les innombrables et merveilleuses faveurs spirituelles et temporelles attribuées au Saint Enfant Jésus du Carmel dès qu'il fut mieux connu et visité. Au sensualisme et au matérialisme naissants, à l'incrédulité et à l'impiété engendrées par eux, il allait opposer le ressouvenir de sa divine Incarnation et les ineffables tendresses de *son Sacré-Cœur qui a tant aimé les hommes*. Pour connaître et pour aimer ce Cœur méconnu, pour monter jusqu'à ces hauteurs naturellement inaccessibles, se tenir sur ces sommets où Dieu se fait voir aux âmes, à celles-ci, avec la grâce, il faut la pureté du cœur et la persévérante pratique des vertus dont Jésus fait homme est à la fois la source et le modèle. Il y pourvut par l'intermédiaire de la Vénérable Marguerite, en lui inspirant la dévotion à sa Sainte Enfance. Par les pratiques nouvelles de cette dévotion, et pour bien démontrer aux hommes qu'au lieu de voir en ce Cœur si aimant celui d'un Dieu vengeur, redoutable et inaccessible, il les appelle tous à sa crèche de Bethléem, pour le contempler, l'adorer dans ses ineffables abaissements, avec ses aimables et gracieux sourires et ses préférences marquées pour les petits, les humbles, les simples de cœur et les pauvres. — Telle a été la mission de Marguerite du Saint-Sacrement.

IV.

Le Petit Roi de Gloire au Carmel jusqu'à la Révolution française.

Fondée en 1636, enseignée par la pieuse Carmélite, pratiquée d'abord dans l'intérieur du cloître de Beaune, la confrérie de la Sainte-Enfance de Jésus se propagea rapidement non seulement dans la ville et ses environs, mais en province et jusqu'à la cour de Louis XIV. Bientôt la petite chapelle du Saint Enfant Jésus fut journellement visitée par quantité de fidèles. La plupart se faisaient inscrire pour s'associer à cette confrérie. Il y en eut de toutes conditions. Les noms des gens du peuple se trouvaient à côté de ceux des gens d'église, cardinaux, évêques, prélats, chefs d'ordres religieux, hommes du monde, des affaires, des parlements et magistrats inférieurs, des princes et des princesses. A cela quoi d'étonnant ? « *Mon épouse,* avait » dit l'Enfant Jésus à la petite Carmélite, » *puise dans les trésors de mon Enfance, je ne* » *refuserai rien à tes prières.* » Marguerite avait répété cette parole pleine de promesses ;

on venait donc puiser à ce trésor toujours ouvert, et du vivant de la Sœur, et après sa mort, parce qu'on croyait à son crédit personnel de médiation auprès de son divin Epoux. Beaucoup des enrichis de ces célestes largesses laissaient au Petit Roi de Gloire des *ex-voto* de grand prix en témoignage de leur reconnaissance. En 1658, la reine Anne d'Autriche, épouse de Louis XIII, vint au Carmel accompagnée de son jeune fils Louis XIV, du cardinal Mazarin, du duc d'Anjou, de la duchesse d'Orléans, et d'une suite nombreuse. Cette pieuse reine déposa aux pieds de la statue du petit Jésus le riche collier de l'ordre du Saint-Esprit du roi Henri IV. Plus tard, Marie-Thérèse, épouse de Louis XIV, vint y suspendre un cœur d'or en remerciement de grâces qu'elle estimait lui avoir été accordées par l'intermédiaire de la Vénérable. De plus, elle offrit à la chapelle un admirable ornement d'autel travaillé de ses mains royales. Plus tard encore, voici venir Marie-Victoire de Bavière, épouse du Dauphin, fils de Louis XIV ; après la terrible maladie qui faillit l'enlever pendant sa grossesse du duc de Bourgogne, en 1682, elle donne un gage de sa reconnaissance en suspendant dans la sainte chapelle un cœur d'or et une fort belle lampe d'argent.

Ces pieux hommages de la Maison de France ne s'arrêtèrent qu'à la Révolution française. Louis XV et Louis XVI envoyèrent aussi de riches présents au petit sanctuaire, se recommandant aux prières des Carmélites et surtout à celles de la Sœur Marguerite du Saint-Sacrement en qui ils avaient une très grande confiance.

Quelques rares débris de ces dons royaux, de ces *ex-voto* princiers, revenus on ne sait comment au nouveau Carmel après la Révolution, permettent d'apprécier leur haute valeur d'autrefois. On les y conserve avec le plus grand soin. Ce sont, non de riches objets d'orfèvrerie, mais des étoffes admirablement brodées, des chaperons, orfrois, croix de chasuble, etc. Il y a notamment un parement d'autel presque entièrement fait de jais de différentes couleurs, représentant avec beaucoup d'art des fleurs, des papillons, etc. Il sert actuellement de *devant d'autel* au Petit Roi de Gloire, comme il le fit jadis en son sanctuaire de l'ancien Carmel. L'Hôtel-Dieu de Beaune en conserve dans son musée un autre absolument semblable, mais de dimension un peu plus grande. Vraisemblablement il a dû servir à l'ornementation du maître-autel de l'ancien monastère. C'est la même facture, la même matière ; ce doit être de la même provenance. Enfin il convient de signaler une chasuble avec personnages en broderie sur fond rouge. Elle est conservée dans la sacristie de l'église paroissiale Notre-Dame de Beaune. La tradition la donne comme ayant fait autrefois partie des ornements du Carmel, et reçue des mains de la reine Marie-Thérèse.

V.

Le Petit Roi de Gloire depuis la Révolution française jusqu'à la restauration de son culte public en 1873.

Le dix-huitième siècle finit dans la tourmente révolutionnaire. A cette époque d'effroyables perturbations sociales en France, les Carmélites de Beaune furent impitoyablement chassées de leur paisible retraite. Le monastère fut pillé, saccagé, vendu comme prétendu bien de la nation. La plupart des objets de grand prix que la générosité des fidèles avait offerts à l'Enfant Jésus, cœurs, lampes d'or et d'argent, croix et chandeliers de même métal, vases sacrés et ornements sacerdotaux, etc... disparurent, emportés par les pillards.

Toutefois la statue miraculeuse du Petit Roi de Gloire, soustraite par une protection visible de la Providence aux recherches impies des révolutionnaires, fut enlevée à temps avec une petite partie des bijoux qui l'ornaient, et soigneusement cachée par un proche parent de la Mère Prieure alors en charge. Lorsqu'après la tourmente tout danger eut disparu, ce pieux et courageux chrétien la rendit à la communauté.

Pendant la grande Révolution, la confrérie de la Sainte-Enfance eut à subir le sort commun à toutes les communautés religieuses. Elle ne fut plus qu'un pieux souvenir conservé dans le cœur et les pratiques secrètes des confrères et des Carmélites survivantes et dispersées.

Lorsque dans la suite plusieurs d'entre elles purent se réunir en communauté dans un logement en location, quelques-unes, disent les *Chroniques du Carmel,* s'occupèrent à fabriquer de petites statuettes en cire du Saint Enfant Jésus et de la Sœur Marguerite, pour les distribuer aux personnes qui leur en demandaient. On en trouve assez fréquemment dans les familles chrétiennes. Bien des années encore après la Révolution, on entendait des vieillards reparler avec émotion du *Petit Jésus miraculeux* dont ils n'avaient point perdu le souvenir. Dès cette époque aussi, et assez souvent, des personnes de la ville et même des étrangers de passage à Beaune, venaient chez les Carmélites pour le vénérer et demander des neuvaines. L'association renaissait peu à peu ; elle reprenait sa vigueur ancienne pour arriver aux éclatantes manifestations de notre temps.

En 1821, sur les instances des Carmélites, Mgr Dubois, évêque de Dijon, rétablit canoniquement la confrérie telle qu'elle existait autrefois dans l'ancien monastère, d'après la bulle d'Alexandre VII. Par un bref de 1855, le pape Pie IX l'érigeait en archiconfrérie, avec le droit de s'associer d'autres confréries du même titre et celui de leur communiquer ses privilèges. La statue miraculeuse du *Petit Roi de Gloire* allait donc bientôt sortir de l'obscurité du cloître et reconquérir la place d'honneur qu'elle avait jadis occupée dans l'estime et la vénération de nos ancêtres.

VI.

Restauration du culte public du Petit Roi de Gloire.

Il est certain que Notre-Seigneur a pour agréable le culte rendu à ses saintes images.

Le jour de la dédicace du petit sanctuaire construit sur les conseils de la Vénérable Marguerite en l'honneur de sa divine Enfance, il lui révéla combien il agréait cet acte de dévotion, et de combien de faveurs il comblerait ceux qui dans la suite s'y associeraient. — Plus tard, à Paray-le-Monial, il exprima les mêmes promesses : « Il m'assura, » dit la B. Marguerite-Marie, qu'il prenait » un singulier plaisir d'être honoré sous la » forme de son cœur de chair, dont il vou- » lait que l'image fût exposée en public, afin » de toucher le cœur insensible de l'homme, » promettant qu'il répandrait avec abon- » dance sur tous ceux qui l'honoreraient, les » trésors dont il est rempli. » — « Partout » où cette image sera exposée, ajoutait-il, » elle y attirera toutes sortes de bénédic- » tions. »

Le Saint Enfant Jésus avait aussi fait à Sœur Marguerite du Saint-Sacrement, nous l'avons dit, des promesses de grâces exceptionnelles pour tous ceux qui auraient dévotion à sa Sainte Enfance. Il les lui avait renouvelées plusieurs fois, et notamment le jour de la dédicace de son sanctuaire dans la chapelle du Carmel. Fidèle à sa parole, il les avait accordées sans compter jusqu'en 1790. — Depuis cette époque, de si lamentable mémoire, la statue miraculeuse n'avait pu être exposée à la vénération publique. Son culte deux fois séculaire fut interrompu, son souvenir presque oublié, le cours de ses merveilles suspendu. Il fallut attendre pendant près d'un siècle pour tout reprendre et réparer. En 1873 on l'entreprit et l'on réussit au delà de toute espérance.

La France sortait à peine de la crise douloureuse causée par la guerre étrangère et par les discordes civiles. Revivifiée dans l'épreuve et la douleur, elle s'était retournée vers Dieu; humiliée et repentante, elle se portait vers les sanctuaires où la grâce abondait. Les foules allaient de préférence à la Salette, à Lourdes, à Pontmain, à Paray-le-Monial. Personne encore ne songeait au Saint Enfant Jésus du Carmel de Beaune. Le Petit Roi de Gloire continuait à rester ignoré, presque méconnu dans l'obscurité du monastère, pendant qu'ailleurs en France, sa Mère, la Vierge Marie, était aux honneurs. Mais son jour de gloire approchait, et selon toute apparence, c'est à sa très humble et sainte Mère que le divin Enfant de Beaune en est redevable. Le fait est assez étonnant pour être ici rapporté avec détail.

En 1873, M. le Curé de Saint-Nicolas, paroisse du faubourg de ce nom, à Beaune, faisait le pèlerinage de Lourdes. Près des grottes Massabielles, il fut un jour accosté par une personne inconnue, un pèlerin vraisemblablement, qui lui parla du Saint Enfant Jésus du Carmel, et lui montrant une gravure faite à sa ressemblance, cet inconnu l'assura qu'en priant devant son image on obtenait d'extraordinaires et très merveilleuses faveurs. Surpris, étonné, quelque peu troublé, M. le Curé dut convenir de son ignorance à ce sujet. Il se promit bien d'aller aux informations dès qu'il serait de retour. La Mère Prieure du Carmel eut une de ses premières visites, et par elle, il eut la confirmation de tout ce qu'il avait appris à Lourdes. Dès lors un devoir impérieux s'imposait à son zèle et à sa piété sacerdotale : faire renaître au plus tôt l'ancienne et si populaire dévotion au Saint Enfant Jésus, puis tenter un essai de pèlerinage pour amener ses paroissiens auprès de sa statue miraculeuse.

M. l'abbé Chocarne, aujourd'hui défunt, était un homme d'initiative, d'un caractère entreprenant, d'une fermeté de volonté difficile à déconcerter. Il méditait un pèlerinage, les Carmélites le désiraient, le pèlerinage sera entrepris, il se fera.

Mgr Rivet, évêque de Dijon, qui s'était

réservé la supériorité du Carmel, fut consulté, et par la Prieure au nom de toute la communauté, et par M. le Curé de Saint-Nicolas. Il donna son approbation avec ses plus paternels encouragements. Lorsque le zélé Curé eut fait connaître à ses paroissiens le pieux projet qui le préoccupait, ce fut dans la paroisse et bientôt dans la ville entière comme l'explosion d'un indescriptible enthousiasme. En témoignage de l'adhésion demandée aux fidèles de Saint-Nicolas, un grand nombre de personnes s'empressèrent, sur l'invitation de leur curé, d'apporter au Carmel une quantité de fleurs naturelles. On les déposa à l'endroit même que devait occuper aux prochaines fêtes de Noël l'autel improvisé du Petit Jésus. Le pavé du sanctuaire en fut couvert. Afin d'obtenir de Monseigneur une approbation définitive, une pétition signée par un grand nombre de personnes notables de la paroisse et de la ville, fut présentée à Sa Grandeur. Fixé dès lors sur la détermination à prendre, le vénérable Prélat arrêta le jour de l'inauguration du pèlerinage qu'il voulut présider lui-même. Le jour choisi fut le 28 décembre 1873, fête des Saints Innocents, en mémoire de la Vénérable Marguerite qui avait pour habitude de les appeler ingénument ses *petits frères*.

Les préparatifs de la fête furent confiés à la direction de Mme de Blic, une amie généreuse du Carmel ; elle fut secondée en ce minutieux travail par plusieurs personnes qui s'étaient offertes avec empressement à lui venir en aide. La chapelle extérieure du monastère eut ses murs tapissés de guirlandes de verdure agrémentées de fleurs artificielles et mélangées d'un grand nombre d'oriflammes.

Fidèle à sa promesse, Mgr l'Evêque, suivi d'un clergé nombreux, faisait, le 28 décembre, à une heure, son entrée au monastère artistement orné, lui aussi, de fleurs et de guirlandes. Sous leurs grands voiles et en manteaux de cérémonie, les Carmélites reçurent leur Evêque et Supérieur à l'entrée du cloître et le conduisirent processionnellement à l'avant-chœur de leur chapelle intérieure. Là, près du tombeau contenant le corps de la Vénérable Marguerite, elles avaient préparé sur un brancard portatif un petit trône richement décoré, sur lequel s'élevait, gracieuse et souriante, la miraculeuse image du Saint Enfant Jésus. La clôture avait été levée par Monseigneur en faveur des pensions et des communautés. Il fut permis à un assez grand nombre de personnes de pénétrer dans l'intérieur du Carmel pour faire cortège et comme une garde d'honneur au Petit Roi de Gloire. Citons notamment des religieuses hospitalières de l'Hôtel-Dieu, des sœurs de l'hospice de la Charité, de Saint-Vincent de Paul, du Saint-Cœur de Marie, et les Frères des écoles chrétiennes.

Avant de donner le signal de sortir du cloître, Mgr l'Evêque, revêtu de ses insignes pontificaux, prit entre ses mains la sainte image et dit à l'assistance que, se considérant comme le délégué autorisé de la Vénérable en vertu de sa dignité épiscopale et en tant que Supérieur du Carmel, il avait grande joie d'offrir le Petit Jésus à la vénération de tous et de les bénir pour la première fois en son nom.

La procession commence. Elle se déroule majestueusement au chant des litanies du Saint Nom de Jésus; et sortant du monastère, elle passe sur la voie publique encombrée déjà par ceux des fidèles qui, n'ayant pu trouver la moindre place inoccupée dans la chapelle, refluaient forcément et dans la cour du monastère et dans la rue avoisinante. Au chant des cantiques liturgiques succéda un religieux silence. Comme autrefois au temple de Jérusalem, le saint vieillard Siméon, tenant entre ses bras l'Enfant Jésus de Bethléem, Monseigneur prit de ses mains consacrées l'image du Petit Roi de Gloire, la présenta avec émotion à l'assemblée pieusement avide de la contempler et d'en recevoir, elle aussi, la première bénédiction. Puis il la plaça dans le sanctuaire, sur un trône couvert de fleurs et tout étincelant de lumière. Alors Sa Grandeur, avec ce charme séduisant de parole que n'oublieront jamais ceux qui ont eu la bonne fortune de l'entendre, rappela les origines de la dévotion au Petit Jésus donné à la Vénérable Marguerite, les innombrables faveurs obtenues, et tous les titres qui le rendent particulièrement cher à la ville de Beaune. — Le R. P. Chocarne, provincial des Frères prêcheurs et frère de M. le curé de Saint-Nicolas, monta en chaire. L'éminent orateur, l'auteur bien connu de la *Vie du P. Lacordaire,* commenta ces paroles du psaume XXIII : « Attollite portas, principes, » vestras, et elevamini, portæ æternales, et » introibit rex gloriæ. » — « *Levez vos portes,* » *ô princes* qui veillez près d'elles ; et vous, » *portes éternelles, levez-vous, afin de laisser* » *entrer le Roi de gloire.* » La bénédiction du Saint-Sacrement termina cette touchante et inoubliable cérémonie.

En témoignage de sa satisfaction personnelle, et après en avoir conféré avec la communauté du Carmel, Mgr l'Evêque permit :

1° Que désormais la statue du Saint Enfant Jésus serait exposée, chaque année, dans la chapelle publique du Carmel de Beaune, depuis la veille de Noël jusqu'à la Purification inclusivement ;

2° Que la même exposition se ferait le 25ᵉ jour de chaque mois, en mémoire de la naissance du divin Sauveur, arrivée le 25 décembre, et cela depuis les premières vêpres de la veille jusqu'à celles du lendemain, avec exposition et bénédiction du Saint-Sacrement au salut du 25 ;

3° Que la bénédiction du Saint-Sacrement pourrait être donnée à chacun des pèlerinages qui se feraient au Carmel dans le cours de l'année, pourvu que le groupe des pèlerins se composât de plus de douze personnes, non compris le personnel du monastère, lequel d'ailleurs se ferait un pieux devoir d'assister à la cérémonie.

4° Même permission est concédée pour chacun des jours de la neuvaine solennelle et finale des fêtes de la Sainte Enfance, depuis le 25 janvier jusqu'au 2 février, jour de la Purification de la Sainte Vierge.

5° Enfin, pour bien exprimer combien cette dévotion au Saint Enfant Jésus lui était personnellement agréable, Monseigneur accordait une indulgence de quarante jours à tous ceux qui, associés ou non de l'archiconfrérie, participeraient convenablement désormais à toutes les réunions qu'il venait d'inaugurer en son honneur (1).

Ainsi s'accomplissaient au delà de toute espérance, les ardents désirs du vénéré et regretté pasteur de la paroisse Saint-Nicolas, ceux de la personne inconnue qui providentiellement lui en avait inspiré la pensée primitive, ceux des fidèles de la ville de Beaune, ceux enfin des Carmélites qui depuis si longtemps, avec une patience résignée, mais confiante, attendaient le jour fortuné où il leur serait donné de voir rehausser par un culte redevenu public les pieux honneurs que dans le secret de leur monastère elles n'avaient jamais cessé de rendre au cher petit Jésus de leur Vénérable Sœur Marguerite du Saint-Sacrement.

---

(1) **En octobre 1885, cette faveur a été confirmée par écrit et concédée par Mgr Castillon, successeur immédiat de Mgr Rivet.**

VII.

Le Petit Roi de Gloire, depuis la restauration de son culte en 1873 jusqu'à l'époque actuelle.

Les fêtes du Saint Enfant Jésus, si solennellement reprises le 28 décembre 1873, se prolongèrent jusqu'à la Purification de la Sainte Vierge. Pendant cette période de quarante jours que nous appelons ici la *sainte quarantaine,* les paroisses de Beaune, leurs diverses confréries et associations pieuses, les enfants de catéchismes de première communion et de persévérance, ceux des Frères des écoles chrétiennes et des Sœurs de Saint-Vincent de Paul, vinrent tour à tour faire leur pèlerinage sous la conduite de leurs directeurs. Une allocution de circonstance leur était faite soit par le prêtre qui les conduisait, soit par l'aumônier du Carmel. On chantait des cantiques en l'honneur de Notre-Seigneur, des motets à la Sainte Vierge et à Saint Joseph, et après un acte de consécration écrite au petit Jésus, la bénédiction du Saint-Sacrement terminait la cérémonie.

Les paroisses des campagnes voisines subirent la salutaire influence de ce souffle surnaturel qui déterminait alors dans toute la France l'élan chrétien pour les pèlerinages. Il en vint au Carmel même d'assez loin avec bannières déployées dans les rues de la ville.

A l'honneur de la cité beaunoise, il est notoire que la fête mensuelle du 25, malgré son fréquent retour (12 fois l'an), est aussi populaire, après plus de vingt années, qu'au commencement de son institution. Ce jour-là, la messe, fixée à 7 heures depuis Pâques jusqu'au 14 septembre, fête de l'exaltation de la Sainte Croix, et à 8 heures en hiver, se dit à l'autel du *Petit Roi de Gloire*. C'est la messe de communion pour tous ; on y prie spécialement à l'intention des bienfaiteurs et associés vivants et morts de l'archiconfrérie et du Carmel.

La cérémonie du soir a lieu en toute saison à 4 heures et demie. Généralement la chapelle est à peu près remplie par les fidèles associés ou simplement dévots au Saint Enfant Jésus. On fait lecture des recommandations et des actions de grâces pour les faveurs obtenues, et il en vient au Carmel de toutes les contrées du monde catholique. On récite à ces intentions la petite couronne (ou chapelet à quinze grains). Après une instruction faite par le prêtre qui préside, il y a exposition solennelle du Saint-Sacrement, chants liturgiques et bénédictions. Un cantique de circonstance clôture cette très intéressante réunion.

Jusqu'à ces derniers temps, l'autel où s'expose la statue miraculeuse du Petit Jésus est resté à l'état provisoire. Naturellement, au début et à la reprise des fêtes du 25 du mois, cet autel portatif et très élémentaire manquait de tout le nécessaire et pour son ornementation et pour le saint sacrifice de la messe. Bientôt furent faites de nombreuses et même assez riches offrandes. L'usage prévalut qu'au petit Jésus, pauvre alors comme le Saint Enfant de Bethléem, les confréries, associations, écoles, etc..., laissassent à destination de son sanctuaire un souvenir de leur pèlerinage : croix et missel, chandeliers, linges d'autel, etc..., attestent aujourd'hui l'amour et la reconnaissance de chacun des donateurs. Plus tard on offrit des plaques de marbre avec inscriptions, en souvenir de grâces exceptionnelles obtenues et comme témoignage public et permanent de gratitude soit au Saint Enfant Jésus, soit à la Vénérable Marguerite, aux prières de qui plusieurs ont cru devoir attribuer les bienfaits reçus.

Ce serait ingratitude aussi de ne pas signaler ici les innombrables attestations écrites ou verbales reçues au Carmel. Elles constatent la preuve des faveurs spirituelles et temporelles dont on se croit redevable soit au Petit Roi de Gloire, soit à sa petite servante, la Sœur Marguerite, à qui Jésus Enfant avait dit : « *Ma fille, puise dans les trésors de mon » Enfance, je ne refuserai rien à tes prières.* »

Il est incontestable que ce céleste trésor ne saurait s'épuiser. Si abondantes que soient les grâces accordées, il reste toujours largement ouvert aux âmes de foi ayant bien confiance en Dieu.

Que la statue du Petit Roi de Gloire ne s'anime plus miraculeusement comme autrefois, lorsque la Vénérable Marguerite lui adressait ses ferventes prières, est-ce donc que la puissance divine est amoindrie ? et faudra-t-il que Dieu soit obligé de recourir au miracle pour faire prévaloir sa volonté, ou seulement répartir comme il l'entend les miséricordieuses largesses de son cœur ? Il a dit simplement : « Demandez et vous rece- » vrez. » Et qui saura jamais ce qu'il a déjà accordé à ceux qui ont demandé avec esprit de foi, qui prient ou font prier avec confiance à ses pieds dans la chapelle du Carmel ?

Au surplus, pour être complet dans notre

histoire du Petit Jésus, et ne rien taire de ce qui concerne sa statue miraculeuse, ajoutons et affirmons avec beaucoup de personnes sérieuses que sa physionomie est mobile et changeante, et sa figure tantôt triste, sombre et sévère, tantôt, et plus ordinairement, avenante, souriante, aimable à ravir. Au Carmel, personne n'en doute, ni à l'intérieur du cloître, ni chez les tourières. Qu'on y consulte les sœurs : unanimement toutes donneront l'assurance formelle qu'elles en ont été plusieurs fois témoins. C'est aussi dans le monde l'opinion d'un très grand nombre de personnes. Aussi bien les Carmélites ont-elles conscience de la valeur inestimable du trésor dont la garde leur a été providentiellement confiée.

Comme il a été dit déjà, dans l'intention d'étendre et de propager de plus en plus la dévotion à la Sainte Enfance de Jésus, pour la plus grande gloire de Dieu et le meilleur bien des âmes, elles viennent de prendre cette année même (1897) une détermination très importante. Avec l'autorisation de Mgr l'Evêque de Dijon, elles ont résolu d'exposer d'une façon permanente la statue miraculeuse du Petit Roi de Gloire et de laisser ouverte tous les jours leur chapelle en faveur de quiconque aurait la dévotion d'y venir pour vénérer la sainte image. Depuis le mois d'août l'exposition est faite sur un autel provisoire, comme en 1873.

De plus, un projet de restauration de la chapelle est actuellement à l'étude. La communauté a l'intention d'employer à son embellissement toutes ses modestes ressources disponibles. Elle aurait également pour agréables les offrandes qui, destinées à cet effet, lui viendraient du dehors.

Ces pieuses aumônes ne sauraient non plus déplaire au Petit Roi de Gloire. Le divin Enfant rendrait aux bienfaiteurs de son sanctuaire privilégié du Carmel le centuple de ce qu'ils auraient fait pour l'honorer, faire connaître son archiconfrérie, et propager de plus en plus la dévotion à sa Sainte Enfance.

Enfin les Carmélites de Beaune éprouveraient l'incomparable joie de voir tous ces travaux achevés lorsque sera promulgué par le Saint-Siège le décret de la Béatification de leur Vénérable Sœur Marguerite du Saint-Sacrement.

APPENDICE

FAVEURS ATTRIBUÉES AU PETIT ROI DE GLOIRE

I.

Faveurs reçues au Carmel de Beaune.

1° Construction des murs de clôture et achèvement du monastère (1852-1853).

En 1790, la Révolution avait brutalement chassé les Carmélites de leur couvent de la rue Saint-Etienne, en ville. Plus tard la municipalité de Beaune y avait caserné les gendarmes, fait les prisons, transporté ses écoles. C'était enlever aux religieuses dépouillées toute espérance de rentrer chez elles. En location depuis cette triste époque, fort mal logées d'ailleurs, elles résolurent de se construire une habitation plus convenable, dans la rue de Chorey, au faubourg Saint-Nicolas. Les travaux commencèrent en 1836 : mais avant l'achèvement du nouveau monastère, leurs médiocres ressources furent absorbées et les constructions arrêtées. Néanmoins les Carmélites s'y installèrent. A force de privations et de sacrifices, la communauté parvint à payer ses dettes. Après dix ans d'interruption, elle songea à reprendre les travaux, bien que sa pauvreté fût encore extrême. Il le fallait bien ; les murs qui entouraient le terrain attenant au monastère n'avaient que quelques pieds d'élévation ; bâtis à sec, ils se détérioraient de plus en plus. Pendant la nuit, les voleurs s'introduisaient dans l'enclos et dérobaient aux pauvres Carmélites la plus grande partie des fruits dont la vente les aidait à vivre. Or, la Révérende Mère Louise-Marie de Jésus, de douce et pieuse mémoire, proposa à la communauté de faire une procession autour de la propriété et d'y porter la statue miraculeuse du Saint-Enfant Jésus. Cette proposition fut accueillie avec une grande joie. Après avoir reçu les recommandations de la bonne Mère et prié quelque temps au chœur, les religieuses se mirent en procession suivant les règles du cérémonial. La Mère Prieure fermait la marche et tenait entre ses bras la statue miraculeuse du Petit Roi de Gloire : « *Saint Enfant Jésus, écoutez-nous* », disait-elle avec esprit de foi et grande confiance ; et la communauté répondait : « *Derrière ces murs, cachez-nous.* » Près de la maison, la procession s'arrêta. Alors la bonne Mère Louise-Marie s'adressant au Saint Enfant Jésus, lui exposa avec une simplicité toute filiale les besoins de la communauté, la nécessité d'une clôture régulière et son embarras de se voir sans ressources pour achever les constructions.

Rentrées au monastère, les religieuses se réunirent au chœur comme au départ ; et après avoir de nouveau prié en toute simplicité d'âme, elles abandonnèrent cette affaire entre les mains du Saint Enfant Jésus. Ce bon petit Roi manifesta bientôt à la communauté combien cette marque de confiance lui était agréable.

M. l'abbé Colet (mort archevêque de Tours), alors vicaire général de Dijon et supérieur du monastère, et le vénérable M. Brunet de la Serve, ami, bienfaiteur insigne du Carmel, furent d'avis qu'on se mît à l'œuvre à bref délai, grâce à un don généreux qu'ils firent à la communauté. On commença l'élévation des murs du côté du midi, lequel longe un jardin public. Arrivés à une certaine limite, les ouvriers durent s'arrêter, car les ressources étaient épuisées.

Les supérieurs furent cependant d'avis que l'on continuât; en effet, les dons de plusieurs personnes vinrent juste à propos pour couvrir ces nouvelles dépenses.

Toutefois ces offrandes fréquemment renouvelées ne suffirent point encore. Pour la seconde fois, les travaux allaient être ajournés, lorsque le maître-maçon fit une proposition à la Révérende Mère : « Si vous » voulez aller jusque-là, lui dit-il, en mon- » trant une des extrémités de l'enclos, je » m'engage à vous donner 500 francs; » mais profitez de ma bonne volonté et que » ce soit tout de suite, car je ne sais si plus » tard je serai dans les mêmes dispositions. » Cette nouvelle marque de la protection du Saint Enfant Jésus sur le monastère permit de continuer les travaux jusqu'à épuisement complet de cette ressource inespérée. Ce qui restait à faire fut remis à plus tard et abandonné à la Providence.

Avec un redoublement de ferveur et de confiance, les Carmélites se remirent en prières auprès de leur cher petit Jésus par la médiation de la Vénérable Marguerite du Saint-Sacrement, leur sœur bien-aimée. Que la confiance est puissante sur le cœur de Dieu!... Peu de temps après, une personne de la ville fit une visite à la Mère

Prieure et lui remit une somme qui permit de terminer les travaux de clôture. Cette bonne Mère la reçut comme un présent du ciel, le cœur débordant de joie et de reconnaissance envers le Saint Enfant Jésus et sa chère bienfaitrice. Toute la communauté en fut informée et en rendit au Seigneur de vives actions de grâces.

Les Carmélites, au comble de leurs vœux, se proposèrent de faire achever leur monastère. Toutes leurs dettes anciennes étaient acquittées ; mais l'argent était peu abondant, insuffisant même pour acheter les matériaux, à l'exception du sable que par économie elles faisaient tirer de leur jardin. N'importe ! Le Saint Enfant Jésus les avait tant aidées jusque-là !... elles pensaient et avec raison qu'il les aiderait bien encore !... et en effet, à mesure que les ouvriers bâtissaient, les ressources arrivaient en quantité suffisante pour achever, sans arrêt de travail et définitivement, le monastère.

2° *Le Saint Enfant Jésus protège la ville de Beaune et le Carmel pendant la guerre (1870).*

Pendant la guerre qui désola la France en 1870, les Carmélites de Beaune eurent la douleur de voir nos soldats s'emparer de leur chapelle publique, l'occuper et la transformer en une sorte de caserne. Le monastère lui-même faillit être envahi. Dans les murs qui entourent l'enclos et qui avaient coûté tant de peine à bâtir, on pratiqua une quantité de meurtrières comme pour soutenir un siège. De plus, une brèche énorme faite à l'une des extrémités, donnait à qui l'eût voulu libre accès dans la propriété. Les Carmélites n'avaient pour tout moyen de défense que leur confiance sans bornes en la protection du Saint Enfant Jésus et en celle de leur Vénérable Sœur Marguerite. On peut dire que l'un et l'autre furent comme deux remparts invisibles qui tinrent nos ennemis en respect et les empêchèrent de s'emparer de la ville. Aussi un général prussien, étonné de cette résistance, se prit à dire avec colère : « Qu'y a-t-il donc dans cette ville de Beaune que nous ne pouvons y entrer !... » Qu'y avait-il ?... Il y avait le Petit Roi de Gloire du Carmel, le Saint-Enfant Jésus qui plus de 250 ans auparavant, dans une circonstance analogue, avait prédit à la Vénérable Marguerite du Saint-Sacrement qu'une paille de sa crèche suffirait pour mettre en déroute les armées allemandes. Sous le commandement du général Gallas, elles avaient envahi la Bourgogne ; parvenus jusqu'à Beaune, ils en avaient brûlé les faubourgs, mais sans pouvoir en forcer les portes (1636). Il y avait aussi la protection de la Vierge miraculeuse, Notre-Dame de Beaune, patronne et gardienne de notre cité. Tant que dura ce temps d'épreuves, le Saint Enfant Jésus veilla si visiblement sur le monastère et sur le terrain qui en dépend, que personne ne se permit d'y pénétrer.

Quand la paix fut signée (1871) et l'ordre rétabli, une tourière désignée par la Mère Prieure alla, comme un chacun, déclarer à la mairie les dommages faits au Carmel, et demander une légitime indemnité. On lui répondit en se moquant : « Allez faire vos réclamations au roi de Prusse. » Ces paroles blessantes, tombées des lèvres d'un commis facétieux, eurent un dénouement inattendu. Instruite on ne sait comment de cette inconvenante réponse à des religieuses sans appui et sans défense, une personne charitable de Prusse fit tenir quelque temps après aux pauvres Carmélites une somme destinée à réparer les dégâts matériels qu'elles avaient éprouvés.

3° *Le chauffage de la Chapelle.*

Voici maintenant un fait qui s'est passé il n'y a que quelques années. Il n'a rien de merveilleux certainement ; mais sa coïncidence avec la neuvaine de prières faite au petit Jésus ne laisse pas que de surprendre ; c'est à ce titre que nous le racontons. Pendant un dur hiver on craignit que le froid excessif ne ralentît le zèle des fidèles et ne les empêchât de se rendre à la chapelle du Carmel pour vénérer le Saint Enfant Jésus miraculeux exposé selon l'usage depuis Noël jusqu'à la Purification. Pour obvier à cet inconvénient, on résolut de chauffer la chapelle ; mais auparavant on tint à s'assurer si telle était la volonté de Dieu. La Communauté commença une neuvaine et il fut convenu que si le Saint Enfant Jésus envoyait quelque secours en argent pendant cette neuvaine, il serait employé à la construction d'un calorifère. La neuvaine touchait à sa fin lorsqu'une dame inconnue se présenta au monastère. Elle remit à une des tourières une lettre en la priant de la porter à la Révérende Mère Prieure. On peut juger de la surprise et de la joie de la Bonne Mère lorsqu'en ouvrant la lettre elle y trouva un billet de mille francs. La charitable dame l'offrait à la Communauté pour obtenir la guérison de son mari dont la santé était gravement compromise. Le cher malade guérit, le calorifère fut construit et ce même hiver la chapelle était chauffée... Toute la Communauté favorisée de ce nouveau bienfait, en remercia vivement le Saint Enfant Jésus et la Vénérable Sœur Marguerite du Saint-Sacrement.

II.

Faveurs individuelles attribuées au Petit Roi de Gloire.

Le Saint Enfant Jésus ne se montre pas exclusivement prodigue de ses bienfaits envers les communautés religieuses, comme on vient de le voir pour le Carmel de Beaune. Ses largesses s'étendent avec une égale facilité sur les personnes qui, vivant dans le monde, y recourent avec confiance. Les Carmélites en reçoivent journellement la preuve, exprimée soit de vive voix, soit par les correspondances nombreuses qui leur viennent de toutes les contrées. Les plus remarquables sont soigneusement consignées sur un registre à part, véritable *livre d'or* destiné à conserver et à transmettre aux âges futurs les témoignages de reconnaissance de la part des protégés du Petit Roi de Gloire. Pour l'édification des lecteurs, pour encourager leur confiance et propager la connaissance de la dévotion à la Sainte Enfance de Jésus, nous allons citer quelques-uns des bienfaits qui lui sont attribués. Nous les empruntons au *livre d'or*, et parmi ceux dont la date est relativement récente; nous les reproduisons presque textuellement, mais sous toute réserve d'appréciation quelconque de notre part.

1° *Une conversion.*

Dans le courant de l'année 1884, les Carmélites de Beaune recevaient d'une personne amie la lettre suivante : « Je vous envoie » telle quelle la relation du miracle de con- » version que vous avez obtenu du Saint » Enfant Jésus.

» Le pauvre pécheur que je vous avais tant » recommandé était devenu complètement » *idiot*, et *rien* ne faisait présager sa résurrec- » tion morale, lorsque tout à coup, par un » bon petit coup de main de l'Enfant Jésus, » il a recouvré non seulement le libre usage » de sa langue paralysée, mais encore toutes

» ses facultés intellectuelles. Il a pu faire
» acte de réparation du passé, se confesser
» et communier après avoir reçu trois ou
» quatre instructions pour refaire un peu
» son éducation religieuse. Lorsqu'il eut ac-
» compli tous ces actes en bon chrétien, avec
» toute son intelligence, celle-ci a sombré
» de nouveau pour que, sans doute, il gar-
» dât jusqu'à sa mort, sans offenser Dieu, la
» grâce des sacrements. »

2° Une guérison.

Le 31 janvier 1889, le Carmel de X..... écrivait à celui de Beaune une lettre ainsi conçue :

MA TRÈS RÉVÉRENDE MÈRE,

« Nous ne voulons pas que notre divin
» Petit Roi Jésus quitte sa pauvre étable de
» Bethléem sans que nous ayons acquitté
» envers lui la dette de notre reconnais-
» sance. Dans le courant de l'été dernier,
» vous avez eu la charité de vouloir bien
» unir vos prières aux nôtres pour obtenir
» la guérison de notre bien-aimée Mère
» Prieure, alors gravement malade. Le divin
» Enfant a eu pitié de nous et a bien voulu
» rendre assez de santé à sa fidèle épouse pour

» qu'elle puisse continuer à remplir les de-
» voirs de sa charge. Nous avions promis au
» cher *Enfant Jésus de Beaune,* s'il nous exau-
» çait, de lui envoyer une petite aumône.
» Veuillez donc, ma bien digne Mère, lui
» offrir le modeste mandat ci-joint, destiné
» à être employé soit pour les frais de Béati-
» fication de notre Vénérable petite Sœur
» Marguerite du Saint-Sacrement, soit pour
» toute autre œuvre à l'honneur du divin
» Enfant. »

Sr .....

3° *Une conversion.*

En février 1889, on recommandait de Paris aux prières du Carmel de Beaune près du Saint Enfant Jésus, un père de famille très gravement malade et éloigné des sacrements. Grâce à la protection du Petit Roi de Gloire, M. T..... a pu constater dans son état de santé un mieux sensible dès le commencement de la neuvaine que les Carmélites de Beaune firent pour lui. Il a pu même prendre des aliments qui graduellement étaient augmentés; le docteur a été surpris de cette amélioration; mais ce qu'il y a de plus admirable, c'est qu'il a demandé lui-même un prêtre et reçu les sacrements avec une foi vive et une grande résignation. Depuis, le mal a subi un temps d'arrêt de plusieurs mois pendant lesquels notre cher converti a pu faire bien des choses. Il est mort peu après, laissant sa famille bien désolée, sans doute, mais bien consolée aussi de son retour à Dieu.

4° *Une guérison.*

Au mois de mars de la même année (1889), à Paris, un petit enfant de huit mois, fils du baron de T..., était atteint d'une broncho-pneumonie. Ses parents en étaient dans la désolation. La garde-malade qui le soignait, pleine de foi et de confiance en la médiation du petit Jésus miraculeux du Carmel de Beaune, dont elle avait maintes fois éprouvé l'efficacité, en écrivit à la communauté des Carmélites. Elle les priait de faire une neuvaine en l'honneur du Saint Enfant Jésus, par l'entremise de la Vénérable Marguerite du Saint-Sacrement, pour obtenir la guérison du petit malade. Elle envoya même un petit ruban destiné à lui être passé au cou, avec prière de le faire préalablement toucher au petit Jésus miraculeux. La neuvaine fut faite, et un peu plus tard la même personne écrivait que ce petit enfant était bien guéri. Sa famille reconnaissante envoya un don au Saint Enfant Jésus.

5° Guérison d'un petit enfant par la médaille du petit Jésus miraculeux de Beaune.

Nous reproduisons presque textuellement le récit que nous en a fait parvenir la pieuse Mme S..., témoin oculaire de cette guérison :

« Je lui dois tant, à ce divin Enfant, que » je serai certainement heureuse de vous » faire connaître les faveurs que j'en ai obte- » nues ou du moins les principales, car le » divin Enfant nous comble de ses dons.

» Quant à la faveur insigne obtenue pour » le petit enfant dont vous me parlez, voici » ce qui est arrivé :

» Ce petit bébé s'appelait en effet Martial » et était le fils de ma femme de chambre. » Cet enfant allait bien, quand tout à coup » on le voit pâlir ; ses yeux voilés ne s'ou- » vrent plus. Sa grand'mère le prend, cher- » che à le remuer... impossible !... Elle me » dit : Il est perdu, c'est fini... sûrement il » n'en a plus que pour quelques heures... » J'étais très impressionnée ; la mère de l'en- » fant ne s'en doutait pas, mais elle commen- » çait à trouver bizarre la blancheur de cire » qu'il prenait. Des heures se passent..., la » blancheur et l'immobilité augmentent...

» Une religieuse qui avait soigné ma fille après » sa naissance m'avait donné une médaille en » bronze où l'Enfant Jésus était représenté au » maillot. Je l'enlève à ma fille et je la mets » au cou du petit enfant qui n'existait pres- » que plus. La grand'mère croyait à tout » moment qu'il allait trépasser.

» Tout à coup une idée me vient : « Mais, » dis-je à la grand'mère, il me semble que » c'est l'air qui manque à cet enfant. » — « Puisqu'il est perdu, me répondit-elle, on » peut bien essayer de le mettre dans la » chambre voisine. » Une demi-heure ou » une heure après, voilà l'enfant qui ouvre » les yeux et paraît se remuer. « Ah ! c'est » la fin », dit la grand'mère. Me voilà dé- » solée..., j'avais si confiance dans cette » médaille et j'avais dit aux parents de l'en- » fant : « On m'a donné cette médaille si » précieuse..., voyez..., je l'enlève à ma » fille pour la mettre à votre enfant... Ayez » confiance. » Une demi-heure se passe en- » core..., voilà l'enfant qui se remue, ouvre » les yeux et reprend de petites couleurs. » La grand'mère me dit : « C'est étonnant, » il a l'air d'aller mieux. » Le médecin arrive » sur ces entrefaites. « Mais cet enfant sera » sauvé, dit-il ; il a eu comme une asphyxie ; » donnez-lui quelques gouttes de café, de

» rhum ou de punch. » L'enfant allait de
» mieux en mieux. Quelques heures après
» il était sauvé, et nous l'avions vu absolu-
» ment comme un petit cadavre!...

» On a fait dire une messe en action de
» grâces; puis j'ai voulu trouver des médailles
» pareilles à celle que j'avais mise à l'enfant,
» car j'en voyais le miraculeux résultat.
» Pour m'en procurer, j'ai cherché partout
» ici, mais inutilement. J'appris enfin qu'il
» y avait des Carmélites à Beaune. Je leur
» écrivis et je reçus d'elles quelques-unes de
» ces si précieuses médailles. En action de
» grâces, j'ai tâché de propager cette belle
» dévotion au Saint Enfant Jésus miraculeux
» du Carmel de Beaune.

» Ma fille a été si protégée, si bénie, si
» préservée!... je l'ai toujours attribué au
» divin Enfant. J'avais une si grande con-
» fiance dans cette médaille qu'on m'avait
» donnée!... Puis au moment d'établir mes
» œuvres, quand je n'y pensais qu'à peine,
» quand je les voyais encore bien loin,
» j'avais confié tous ces projets au divin
» Enfant!... Quelle a été ma surprise de
» voir toutes ces œuvres non seulement se
» préparer, mais se faire si vite et si bien!...
» Que le divin Enfant en soit loué et glo-
» rifié! Si je peux contribuer à l'extension

» de cette belle dévotion envers le Saint En-
» fant Jésus, je le ferai de bien grand
» cœur!... » C. S.

6° Quatre guérisons inespérées.

Une noble châtelaine, de qui nous tenons ce récit, le raconte de la manière suivante :

« 1° Un an après la guérison de mon fils
» obtenue par la médiation du Petit Roi de
» Gloire du Carmel de Beaune, le domes-
» tique d'un de mes parents fut atteint d'une
» *influenza infectieuse* qui, en quelques jours,
» avait décomposé le sang du malade à un
» tel point que ce malheureux perdait tout
» son sang par le nez, la bouche, les oreilles.
» Trois médecins appelés près de lui décla-
» rèrent que le cas était désespéré et que le
» pauvre malade ne passerait pas la jour-
» née. Cette triste consultation m'ayant été
» rapportée, j'eus la pensée d'envoyer à la
» femme du mourant une petite image du
» divin Enfant Jésus en recommandant de
» commencer tout de suite une neuvaine et
» de mettre la pieuse image sous les yeux
» du mourant. Mes conseils furent suivis,
» et dès le soir même un léger mieux était
» constaté par les médecins. Cette amélio-

» ration ne fit que s'accroître de jour en
» jour au grand étonnement des médecins
» qui ne pouvaient comprendre la divine
» intervention. La neuvaine n'était pas en-
» core achevée que je recevais du pauvre
» malade une lettre m'exprimant sa recon-
» naissance envers le divin Enfant Jésus. Il
» paraît que depuis cette guérison si inespé-
» rée, l'image du divin Enfant Jésus du
» Carmel de Beaune ne quitte plus celui
» qu'elle a si miraculeusement préservé.

» 2° Etant membre de l'œuvre des ma-
» lades pauvres, j'allais visiter une malheu-
» reuse mère de cinq enfants, atteinte d'une
» méningite. Cette femme était depuis trois
» jours sans connaissance. Son mari et ses
» enfants en pleurs étaient auprès d'elle
» attendant son dernier soupir. Le mari,
» très hostile aux idées religieuses, s'était
» opposé à ce que sa femme reçût les der-
» niers sacrements. J'avais dans mon livre
» de prières une image du divin Enfant
» Jésus de Beaune. Profitant de l'émotion
» du père de famille, je dis à l'aînée des
» petites filles d'épingler l'image aux rideaux
» du lit de sa mère; puis faisant mettre les
» enfants à genoux, je récitai avec eux un
» *Pater* et un *Ave* pour commencer une
» neuvaine à l'Enfant Jésus. Le matin du

» neuvième jour la pauvre mère de famille
» revenait à la vie, mais hélas! elle était
» restée idiote. Pour cette pauvre famille,
» cette infirmité était pire que la mort. Les
» enfants, sur ma prière, recommencèrent
» une neuvaine au divin Enfant Jésus et
» eurent peu de temps après la joie de voir
» leur mère rendue à la raison. La pauvre
» femme put alors recevoir son Dieu avec
» de vifs sentiments de foi et de reconnais-
» sance, et depuis elle n'a jamais cessé de
» faire ses Pâques avec une grande dévotion.

» 3° Le fils d'une de mes amies était atteint
» d'un rhumatisme articulaire qui s'était
» porté au cœur. L'infortuné malade avait
» le cœur flottant dans l'eau, si je puis m'ex-
» primer ainsi, tant l'épanchement de ce
» côté était considérable. Les étouffements
» étaient tels qu'il perdait connaissance dès
» que sa tête était soulevée sur l'oreiller.
» Pendant plus de quinze jours on déses-
» péra de le guérir. Ce fut alors que les
» pieux parents du jeune homme, auxquels
» j'avais envoyé la si précieuse image, eu-
» rent la pensée de la placer devant les yeux
» de leur cher malade et de commencer
» une neuvaine à la suite de laquelle la gué-
» rison si désirée fut obtenue.

» 4° L'an dernier, une femme à mon

» service me disait que sa sœur atteinte
» d'une fièvre typhoïde fort grave était
» depuis plusieurs jours sans connaissance.
» Je lui remis une image du cher petit En-
» fant Jésus qui a daigné, là aussi, accorder
» une complète guérison.

» Voilà, ma Révérende Mère, ma tâche
» accomplie. Je serai bien heureuse si ces
» quelques exemples de la protection de
» notre divin Sauveur pouvaient servir à le
» faire mieux connaître et aimer, lui si bon
» et si compatissant à nos humaines mi-
» sères. En de moindres circonstances, bien
» souvent mes pauvres prières ont été écou-
» tées de Celui qui peut tout.

» Vous seriez bien bonne de me dire si
» on a fait de petites statues rappelant le
» petit Enfant Jésus de Beaune tel qu'il est
» représenté sur les images. »

DE M. N.

7° *Une guérison.*

Le 28 février 1892, une mère de famille des environs de Beaune envoyait au Carmel de cette ville la communication suivante :

MA RÉVÉRENDE MÈRE,

« Il y a un mois, je venais vous de-
» mander de faire une neuvaine au Saint

» Enfant Jésus pour un de mes chers enfants » malades; aujourd'hui je viens vous dire » que vos prières ont été exaucées : ce » cher ange est guéri.

» Je vous envoie donc la même somme » que la première, en vous demandant une » neuvaine d'action de grâces. Oh! oui, » gloire soit rendue au Saint Enfant Jésus! » Tous ceux qui ont vu ce cher enfant ne » peuvent croire à sa guérison.

» Recevez, ma Révérende Mère, avec mes » remerciements anticipés, l'assurance de tout » mon dévouement en Notre-Seigneur. »

E. P.

8° *Une grande protection.*

Paris, 9 mai 1894.

MA RÉVÉRENDE MÈRE,

« Il y a quelques semaines, j'étais auprès » de ma petite-fille qui venait d'être mère » et dont la vie était menacée. J'ai promis » à ce moment une modeste somme appli- » cable à la dévotion au Saint Enfant Jésus. » La voici en un billet de..... Je n'ai pas » absolument précisé l'objet de ce petit don. » Qu'il soit employé au culte de l'Enfant » Jésus ou qu'il serve en partie aux frais de

» Béatification de la Vénérable Marguerite,
» je pense que c'est tout un. L'essentiel
» c'est que je devais le remettre au Carmel
» de Beaune, qu'il a pour but une action de
» grâces envers le Saint Enfant Jésus invo-
» qué par moi et ne peut par conséquent
» être employé qu'en vue de la dévotion au
» Saint Enfant Jésus.

» Veuillez, ma Révérende Mère, le rece-
» voir et l'appliquer suivant mes intentions.

» Agréez, etc. » J. T.

9° Guérison et conversion.

En 1895, dans une paroisse de la Touraine, un petit enfant, fils unique d'un père et d'une mère dans la désolation, paraissait toucher à sa dernière heure. Une pieuse religieuse avait eu l'inspiration de le recommander aux prières du Carmel de Beaune et de se procurer des médailles du Saint Enfant Jésus miraculeux qu'on y vénère. On s'était empressé de répondre à son désir et la médaille bénite fut placée sur le petit moribond. Bientôt un mieux sensible et inespéré se produisit dans son état, peu à peu ses forces revinrent, si bien que quelques jours après il était complètement guéri. Ses parents pleins de reconnaissance ont tenu à le consacrer au Saint Enfant Jésus dont il porte la médaille en souvenir des grâces dont il a été l'objet.

Pendant la maladie de cet enfant, son père désolé avait promis à Dieu, comme il l'a déclaré quelque temps après, que si le petit malade recouvrait la santé, il remplirait ses devoirs religieux abandonnés depuis de longues années. Dès que l'enfant fut hors de danger, l'heureux père confia à sa femme la promesse qu'il avait faite à Dieu et se mit en devoir de la remplir. En effet, non seulement toute la famille assista à la sainte Messe en action de grâces de cette guérison regardée comme miraculeuse, mais le père et la mère de l'enfant s'approchèrent de la Table sainte, à la grande joie et édification des assistants et de la paroisse tout entière.

10° Une guérison.

Pendant l'automne de la même année, un homme des environs de Beaune voyant sa femme très gravement malade, fut inspiré de venir la recommander au Saint Enfant Jésus miraculeux. C'était précisément un 25, jour où il était exposé et particulièrement honoré dans la chapelle des Carmélites. Après avoir accompli son petit pèlerinage, cet homme reprit le chemin de son pays, se demandant si sa chère malade existait encore. Sa surprise fut grande quand il vit que non seulement elle n'était pas morte, mais qu'elle allait même mieux qu'avant son départ. Grâce à la protection efficace du Saint Enfant Jésus, la malade fut en peu de temps complètement guérie. Elle fit même le voyage de Beaune avec son mari et quelques personnes de sa connaissance pour remercier l'Enfant Jésus de lui avoir si visiblement conservé la vie.

11° Une réconciliation.

Toujours dans le courant de cette année 1895, une personne recommanda avec instance aux prières du Carmel une réconciliation sollicitée depuis longtemps dans l'intérêt d'une paroisse entière. Le jour même de Noël, la grâce si vivement désirée était obtenue à la grande joie de la population. Depuis cette époque, le bien se fait dans cette paroisse, grâce à la protection du Saint Enfant Jésus, et à celle de la Vénérable Marguerite du Saint-Sacrement.

12° Une conversion.

Au mois de janvier 1896, une mère de

famille d'Allemagne recommandait aux prières du Carmel de Beaune son mari gravement malade et éloigné depuis longtemps de toute pratique religieuse. Vainement elle lui avait proposé de faire appeler un prêtre. Pendant ce temps, les Carmélites de Beaune continuaient de prier avec confiance le Saint Enfant Jésus et leur chère Vénérable pour ce pauvre égaré. Quelques jours après une lettre leur apprit que le malade avait demandé lui-même un prêtre, qu'il s'était confessé, avait reçu la sainte Communion et que jusqu'à sa mort il n'avait cessé de faire souvent le signe de la croix et de supplier les personnes qui l'entouraient de réciter des prières pour l'aider à bien mourir. Sa veuve reconnaissante envoya une aumône à l'Enfant Jésus.

13° Secours dans une maladie.

Dans le courant de cette année 1897, on écrivait de D... au Carmel de Beaune, une lettre ainsi conçue :

« En janvier dernier, nous avons appris
» une grâce voisine du miracle, relativement
» à un homme très malade et dans un état
» d'esprit navrant. Mais les prières adressées
» pour lui à l'Enfant Jésus ont amélioré

» étonnamment son état moral, et il est » allé à Dieu avec la plus grande confiance. »

N. Q.

14° Une heureuse découverte.

Une lettre ainsi conçue et datée de la ville de S..... arrivait au Carmel de Beaune le 6 février de cette année (1897).

« A votre grande neuvaine, j'ai fait re- » commander mon intention, qui était de » trouver une place stable et convenable. Je » viens aujourd'hui remercier l'Enfant Jésus » de m'avoir si pleinement exaucée, car la » solution définitive de mon affaire m'a été » communiquée précisément le 2 février, » jour de clôture de la neuvaine. »

L.

15° Une grâce accordée.

C...., 1897.

Ma Révérende Mère,

« C'est avec bonheur que je viens vous » prier d'unir vos prières de remercîments » aux miennes pour la grâce obtenue et à » l'intention de laquelle je vous demandais » de prier avant Pâques.

» Un million de remercîments !... Ma

» chère amie me charge de vous dire toute
» la reconnaissance qu'elle a au Petit Jésus.
» Nous nous recommandons encore à vos
» charitables prières. »

Une Anonyme.

16° Une guérison (1897).

Un jeune enfant de M... (Allier) souffrait beaucoup d'un pied. Le membre endolori avait dû être placé dans une gouttière et l'on n'espérait qu'à grand'peine sa guérison. La mère du petit malade s'adressa en toute confiance au petit Jésus miraculeux du Carmel de Beaune et l'invoqua sous ce titre pour obtenir la guérison de son cher enfant. La foi de cette mère si chrétienne ne tarda pas à être récompensée. Le petit malade guérit et si bien, qu'en peu de temps il put retourner au catéchisme et suivre les exercices préparatoires à sa première Communion qu'il fit avec tous ses petits camarades.

En reconnaissance de cette guérison, la mère du petit malade se hâta d'en faire prévenir le Carmel de Beaune et promit à son cher enfant de lui acheter une statuette du Petit Roi de Gloire dès qu'elles seront en vente.

17° Guérison d'un petit enfant.

Dans les premiers jours de mai (1897), les Carmélites de Beaune recevaient de B... (Seine-et-Marne) la lettre suivante :

« Je vous écris pour un pauvre petit en-
» fant de sept semaines qui depuis sept jours
» tombe continuellement en convulsions.
» Sa mère désire le faire inscrire dans l'ar-
» chiconfrérie pour le mettre sous la protec-
» tion du Saint Enfant Jésus, et demande
» une neuvaine pour ce pauvre petit. Nous
» en commençons une aujourd'hui, 11 mai,
» en l'honneur du Saint Enfant Jésus, pour
» nous unir à celle que le Carmel de Beaune
» voudra bien faire à notre intention. »

Les Carmélites firent la neuvaine demandée.

Douze jours s'étaient à peine écoulés qu'elles recevaient de la même personne une nouvelle lettre ainsi conçue :

Ma Révérende Mère,

« Nous sommes heureuses de vous ap-
» prendre que notre cher petit malade est
» guéri. Le jour même où j'écrivais pour le
» recommander à vos bonnes prières, les
» crises sont devenues moins fortes et voilà

» plusieurs jours qu'elles ont complètement » disparu. Grâces soient rendues au Saint » Enfant Jésus. Nous vous remercions beau- » coup de vos bonnes prières ; nous espérons » que vous voudrez nous les continuer pour » remercier le divin Enfant et le prier de » prendre de plus en plus sous sa toute- » puissante protection nos chers petits en- » fants de B... et nous tous aussi qui en » avons grand besoin. »

Une pieuse associée de l'archiconfrérie.

18° Un procès gagné.

Château de.....(Isère), juillet 97.

MA RÉVÉRENDE MÈRE,

« Le procès dont je vous avais parlé il y » a quelque temps et pour lequel je vous » avais demandé des prières a été gagné » grâce à la protection du divin Enfant Jésus. » J'ai un grand amour pour ce cher divin » Enfant Jésus du Carmel de Beaune ; il a » bien voulu m'accorder tant de grâces signa- » lées, spirituelles et temporelles !... Le » gain du procès dont je vous ai parlé a été » chose presque miraculeuse, vu l'acharne- » ment de nos adversaires. Que Dieu soit

» mille fois béni et loué de tout ce qu'il fait
» pour nous. J'ai communiqué ma foi et
» ma confiance à une de mes amies bien
» éprouvée et je lui ai prêté une image du
» divin Enfant Jésus de Beaune, et elle
» me prie de solliciter au Carmel une prière
» à ses intentions. » DE M.

19° Une promesse accomplie.

R....., 19 août 1897.

MADAME LA SUPÉRIEURE,

« J'ai l'honneur de vous remettre sous ce
» pli un mandat de..... Voici dans quelles
» intentions : en reconnaissance et en
» accomplissement de promesses, vous vou-
» drez bien faire faire par votre marbrier
» une plaque de marbre blanc avec l'inscrip-
» tion : « Reconnaissance », pour la placer
» en *ex-voto* dans votre chapelle.

» Pour le reste de la somme, je vous
» demande de vouloir bien faire prier pour
» moi le divin Enfant Jésus et la Vénérable
» Marguerite du Saint-Sacrement au sujet
» d'une affaire excessivement grave et pour
» le rétablissement de ma santé.

» Veuillez agréer..., etc... » T.

La même personne écrivait quelques jours après :

MADAME LA SUPÉRIEURE,

« Merci de vos bonnes prières et de celles
» de la Communauté. Grâces soient ren-
» dues au bon Dieu, au très saint et divin
» Enfant Jésus et à la Vénérable Marguerite
» du Saint-Sacrement. J'ai obtenu une
» heureuse solution pour l'affaire si im-
» portante en vue de laquelle je vous avais
» demandé de vouloir bien prier le Très-
» Saint Enfant Jésus et la Vénérable Mar-
» guerite du Saint-Sacrement.

» Voulant accomplir la promesse que j'ai
» faite, je vous envoie..... en action de grâ-
» ces, vous demandant de vouloir bien les
» remercier en mon nom par une neuvaine
» d'actions de grâces.

» Veuillez agréer, Madame la Supé-
» rieure, etc. » T.

20° Cessation d'une grande épreuve.

Saint-Romain (Côte-d'Or), 5 septembre 1897.

MA BONNE SŒUR,

« Je vous envoie une action de grâces
» avec l'autorisation de la publier dans les

» Annales de l'Archiconfrérie de la Sainte-
» Enfance de Jésus, si vous le jugez con-
» venable.

» Depuis un an de grandes peines inté-
» rieures me jetaient dans le plus profond
» découragement. J'ai fait plusieurs neu-
» vaines à l'Enfant Jésus miraculeux du
» Carmel de Beaune pour obtenir la cessa-
» tion de ces terribles angoisses, mais inuti-
» lement. Alors j'ai propagé autant que j'ai
» pu les intéressantes Annales du Saint
» Enfant Jésus dans le seul but d'obtenir par
» l'intercession de la divine Marie, sa mère
» immaculée, et de l'incomparable saint
» Joseph, l'ami par excellence de son Cœur
» adorable, cette grâce si ardemment dési-
» rée. Le Petit Roi de Gloire m'a enfin
» exaucé : mes scrupules ont disparu pres-
» que subitement pour faire place à une
» confiance sans bornes dans la miséricorde
» de mon Dieu.

» Gloire, amour et éternelle reconnais-
» sance à Jésus, Marie et Joseph, qu'on ne
» réclamera jamais en vain, pourvu qu'on
» les invoque avec une tendre affection, avec
» une entière confiance.

» Je tiens à ce qu'on publie mon pays et
» mon nom ; je crois cela plus digne. Ne
» semble-t-on pas en effet avoir honte des

» bienfaits reçus lorsqu'on se cache sous
» l'anonyme ou même sous de simples
» initiales ?... »

Hugues LATOUR.

Nous arrêtons ici la série de nos citations. Il y en a assez pour proclamer la miséricordieuse bonté du Saint Enfant Jésus en faveur de ceux qui recourent à lui avec confiance, principalement dans les sanctuaires où l'on honore ses statues miraculeuses, que ce soit à Rome, à Prague ou à Beaune. On s'y rend aujourd'hui avec une ardeur inusitée dans les temps passés. Ce n'est pas sans une providentielle inspiration de Dieu que nous voyons ce mouvement des foules s'accentuer de plus en plus à une époque où les erreurs enseignées, et la convoitise effrénée des ambitions, des honneurs et des plaisirs ont diminué la connaissance de Dieu et refroidi l'amour pour Jésus-Enfant et Jésus-Hostie dans le Saint-Sacrement de l'autel. Manifestement il passe sur le monde comme un souffle divin pour ramener les âmes vers le Sacré-Cœur d'où dérive le feu que Jésus a apporté sur la terre, ne désirant rien tant que de l'en voir embrasée. Et parce que le culte de sa Sainte Enfance dispose les âmes à s'enflammer au contact de ce divin Cœur, Jésus-Enfant les prépare à s'y porter en toute confiance ; il leur donne ses grâces, il leur communique ses vertus, il les comble de ses célestes faveurs ; et par ses innombrables bienfaits, il fait d'eux des amis reconnaissants et des apôtres convaincus de la dévotion à sa Sainte Enfance et à son Sacré-Cœur.

PRIÈRE AU PETIT ROI DE GLOIRE.

Jésus Enfant, écoutez-moi. Jésus Enfant, exaucez-moi ; rendez mon cœur doux et humble comme le vôtre, patient et mortifié comme le vôtre, généreux, obéissant et pur comme le vôtre. Détachez-le des choses créées et frivoles, attirez-le à vous ; que je vive de votre vie laborieuse et pénitente sur la terre, pour vivre de votre vie glorieuse dans le Ciel.

O Jésus, soyez-moi Jésus Sauveur, maintenant et à l'heure de mon éternité.

Ainsi soit-il.

Petit Enfant Jésus de Bethléem, je vous adore et je vous aime.

50 jours d'indulgences.

(Léon XIII.)

DIJON, IMP. JOBARD.

206

ON TROUVE AU CARMEL DE BEAUNE

tous les objets suivants concernant le culte du Petit Roi de Gloire :

Manuels de l'Archiconfrérie de la Sainte-Enfance de Jésus, grand et petit format.

Photographies (formats de diverses grandeurs et de différents modèles).

Images noires et coloriées.

Phototypies de la statue miraculeuse.

Billets d'admission pour les Associés de l'Archiconfrérie de la Sainte-Enfance de Jésus.

Petites feuilles d'indulgences.

Petites couronnes en coco ou cocotine.

Médailles en toutes compositions : cuivre blanchi, similor, aluminium, bronze, nickel, argent (2 grandeurs), or.

Entretien d'une lampe pendant une neuvaine, **1** fr. ; pendant un mois, **3** fr.

Cierges, suivant le poids, **0** fr. **50**, **1** fr., etc.

Images et Vie abrégée de la Vénérable Sœur Marguerite du Saint-Sacrement.

Histoire de la Statue miraculeuse du Petit Roi de Gloire.

Sont en préparation pour paraître incessamment :

Statues et statuettes du Saint Enfant Jésus miraculeux du Carmel de Beaune. (*Le Petit Roi de Gloire.*)

Les couronnes et les sceptres en métal doré se vendent avec les statues ; décor très riche.

DÉPOTS DES STATUES ET BROCHURES : à Beaune, au Carmel ; — à Dijon, chez M. Drioton, rue Saint-Philibert, n° 25 ; — à Lyon, chez Mme veuve Boissie, place Bellecour, n° 4 ; — à Sinard (Isère). au bureau des *Annales de l'Archiconfrérie de la Sainte-Enfance de Jésus.*

DÉPOTS DES BROCHURES SEULES : à Dijon, chez M. Chevallier, libraire, place des Ducs-de-Bourgogne, et chez M. Ratel, libraire, place Saint-Jean.

www.ingramcontent.com/pod-product-compliance
Ingram Content Group UK Ltd.
Pitfield, Milton Keynes, MK11 3LW, UK
UKHW020408230726
13925UKWH00003B/1303

9 782019 180911